SERIAL KILLERS

COLEÇÃO TRANSTORNOS DA MENTE
SERIAL KILLERS

astral
cultural

Copyright © 2025 Astral Cultural
Todos os direitos reservados à Astral Cultural e protegidos pela Lei 9.610, de 19.2.1998. É proibida a reprodução total ou parcial sem a expressa anuência da editora.

Editora Natália Ortega
Editora de arte Tâmizi Ribeiro
Coordenação Editorial Brendha Rodrigues
Produção editorial Gabriella Alcântara, Manu Lima e Thais Taldivo
Revisão Esther Ferreira e Mariana C. Dias

Dados Internacionais de Catalogação na Publicação (CIP)
Angélica Ilacqua CRB-8/7057

S492   Serial killers / Astral Cultural. — São Paulo, SP : Astral Cultural, 2025.
128 p. (Coleção Transtornos da Mente)

Bibliografia
ISBN 978-65-5566-632-8

1. Psicologia 2. Assassinos em série I. Coleção

25-1208   CDD 150

Índices para catálogo sistemáticos:
1. Psicologia

BAURU
Rua Joaquim Anacleto Bueno 1-42
Jardim Contorno
CEP: 17047-281
Telefone: (14) 3879-3877

SÃO PAULO
Rua Augusta, 101
Sala 1812, 18º andar
Consolação
CEP: 01305-000
Telefone: (11) 3048-2900

E-mail: contato@astralcultural.com.br

SUMÁRIO

Apresentação	7
1. A virada de chave	15
2. O que vem primeiro	49
3. Desumanizar para justificar	75
4. Fascínio e repulsa: uma sociedade doente?	99
5. Reparação e transformação	113

APRESENTAÇÃO

As histórias sobre assassinatos em série que ganham notoriedade carregam particularidades, mas compartilham pequenas semelhanças. No desenrolar dos fatos, quase sempre parecem verdadeiros *scripts* saídos da mente de um roteirista com uma imaginação muito fértil. Assustadoramente, no entanto, essas histórias são reais e não pertencem a um passado remoto, mas continuam ocorrendo em diversos lugares e não são exclusividade de nenhuma sociedade.

O pior é que a imprevisibilidade desse tipo de crime tende a dificultar sua prevenção. Isso ocorre porque o que "define" um serial killer é justamente a repetição dos crimes aliada ao *modus operandi*, ou seja, o método e a forma de atuação.

Segundo a definição do *Federal Bureau of Investigation* (Departamento Federal de Investigação, FBI), um assassino em série pode ser classificado como aquele que mata várias pessoas com um intervalo de tempo entre os homicídios, diferentemente de um assassino em massa, que comete seus crimes em questão de poucas horas. Portanto, um assassino em série só pode ser assim definido depois que os homicídios já ocorreram há um tempo.

Traços como a falta de empatia, a busca por poder e a ausência de remorso diante da violência cometida caracterizam a personalidade desse tipo de criminoso. A frieza com que lidam com os crimes que cometeram, quando capturados, pode ser explicada pelo processo de despersonalização que, na maioria dos casos, estabelecem com as vítimas, simbolicamente transformando-as em objetos ou meros instrumentos usados para obter uma recompensa emocional.

A psicologia clássica frequentemente descreve o comportamento do serial killer como aquele cuja a existência de uma compulsão os leva a matar repetidamente. A ação de matar lhes proporciona algum tipo de alívio emocional ou sensação de poder.

O estudo de serial killers por meio das ciências forenses e da psicologia é complexo, além de ser multifacetado. As ciências forenses concentram-se em evidências, padrões e perfis criminais, enquanto a psicologia explora motivações, distúrbios e características comportamentais.

Ambas as áreas são essenciais para entender os fatores que podem contribuir para o comportamento de assassinos em série e para como a sociedade é capaz de prevenir e responder a esses tipos de crime.

Não é raro que crimes com esses contornos sigam um roteiro similar. Uma pessoa aparentemente comum — muitas vezes vista como um cidadão acima de qualquer suspeita — de repente se torna suspeita de uma série de crimes incomuns.

Histórias como essas revelam o componente humano e seus mistérios, expondo medo, terror e paradoxos, além de escancarar as profundezas do psiquismo de todos nós — tanto daquele que comete o crime quanto de quem o acompanha, depois, em jornais, livros, filmes e séries de televisão.

Será que está todo mundo "louco"? Não. Nem mesmo quem comete esse tipo de crime pode ser definido de tal forma simplista e, por vezes, até mesmo preconceituosa, criando relações de causa e efeito inexistentes. Por exemplo, a lógica de que todo serial killer tem um transtorno mental é um mito.

Há, sim, traços de personalidade encontrados em criminosos que podem dar pistas para compreender suas motivações, mas esses aspectos são insuficientes para rotulá-los.

Casos como esses capturam a atenção da sociedade porque trazem à tona emoções intensas que fazem de nós, cada um a seu modo, humanos. O poeta romano Terêncio escreveu que nada do que é humano nos é estranho. E é exatamente essa uma das chaves para começarmos a compreender a origem desse tipo de crime e a certa dose de obsessão que pessoas comuns podem ter por essas histórias.

Pessoas que cometem crimes em série não são extraterrestres, tampouco podem ser facilmente identificadas, como se tivessem nascido com uma marca na testa ou viessem com um "defeito de fabricação". Isso não existe. Se fosse assim, seria possível prevenir esse tipo de crime, e os assassinos em série estariam em constante vigilância por parte das autoridades.

Para evitar lugares-comuns e mitos sobre serial killers, é importante compreender suas motivações e, sobretudo, os contextos de onde vêm as pessoas que cometem esses crimes extremos. A formação da personalidade de qualquer pessoa passa por uma série de componentes: alguns hereditários, outros referenciais — muitos aprendidos.

Existem condições da mente humana que se revelam ser um terreno fértil para os mais diferentes tipos de atrocidades. Mas quais elementos compõem a mente de um serial killer? Qual é a linha tênue entre um pensamento perturbador e a ação? Essa é a investigação que vamos conduzir a partir de agora.

SERIAL KILLERS • CAPÍTULO 1

A VIRADA
DE CHAVE

A mente humana sempre foi um labirinto surpreendente a ser desvendado. Mesmo com o passar dos séculos e os inúmeros estudos e teorias sobre o tema, a sensação é que sempre há algo novo a ser descoberto.

Foi na Grécia Antiga que Hipócrates, uma das figuras mais marcantes da história da medicina, questionou o paradigma vigente, que considerava o coração como o regente das emoções e da razão, e ousou sugerir que era, na verdade, o cérebro o grande responsável por essas funções. Séculos depois, no Renascimento, o filósofo René Descartes propôs a famosa teoria do dualismo mente-corpo, sugerindo que o corpo humano funcionava como uma máquina, enquanto a mente estava separada dele. Essa ideia teve profunda influência na filosofia da mente.

Os séculos XVIII e XIX foram marcados por intensos estudos de diferentes vertentes que deram origem à neurociência. Já o século XX ficaria marcado pelo surgimento da psicanálise, encabeçada pelo psiquiatra Sigmund Freud.

Os estudos para entender a mente humana

A jornada do estudo do cérebro até Freud foi marcada por uma mistura de especulações filosóficas, observações anatômicas e avanços nas áreas da neurologia e da psicologia. Mesmo com a bagagem de séculos de estudiosos debruçados sobre os mistérios da mente humana, ninguém, até hoje, conseguiu decifrar os segredos mais profundos do cérebro humano, muito menos explicar por que, mesmo com cérebros anatomicamente semelhantes, os seres humanos manifestam suas emoções de formas tão distintas.

O que faz duas pessoas, moradoras de uma mesma cidade, de um mesmo bairro, talvez vizinhas, com ampla convivência com familiares, estimuladas socialmente por referências parecidas, tornarem-se vítima e algoz? A linha entre um pensamento perturbador e uma ação existe e precisa ser reiteradamente delimitada, mas isso não significa que não seja tênue.

O que determina a virada de chave nesses casos é uma série de acontecimentos ao longo da vida. O que separa a loucura da lucidez pode ser a ação. O conceito de loucura, aliás, anda bem desgastado na sociedade atual, adoecida pelo consumismo, pela compulsão, pelos ideais de beleza e pelo hedonismo. Afinal, o que é ser "louco"? Sob qual ponto de vista determinamos que alguém cometeu um crime por ser louco?

Colocar serial killers no lugar-comum da loucura é uma visão simplista que não abarca todas as nuances necessárias para compreendermos por que, afinal, um pensamento perturbador se transforma em uma ação drástica repetida, resultando em assassinatos em série.

O que dizem as teorias existentes?

Existem algumas teorias que buscam investigar por que algumas pessoas viram serial killers. A teoria psicológica defende que fatores como traumas emocionais, abuso na infância e distúrbios psicológicos podem contribuir para o desenvolvimento de um serial killer. Já a teoria biológica sugere que anomalias cerebrais ou fatores genéticos podem desempenhar papel fundamental no desenvolvimento de comportamentos violentos.

A teoria sociológica, por sua vez, foca o ambiente em que a pessoa se desenvolve e em suas experiências de vida, que podem incluir pobreza, negligência, abandono e influência de um contexto de violência. A teoria da aprendizagem social, por outro lado, afirma que comportamentos violentos podem ser aprendidos ao se observar e imitar outros comportamentos violentos, especialmente durante a infância.

Por fim, a teoria do ciclo de vida indica que o comportamento de um serial killer pode fazer parte de um ciclo psicológico, em que os crimes se tornam mais frequentes e intensos à medida que o criminoso faz novas vítimas, criando uma compulsão por matar.

Para entender o surgimento do conceito de serial killer, é preciso voltar ao século XIX, época em que o psiquiatra italiano Cesare Lombroso dava os primeiros passos nos estudos das ciências criminais. Ele desenvolveu uma teoria segundo a qual uma pessoa teria predisposição hereditária para cometer crimes. Então, foi além, criando o que seria supostamente a "face de um criminoso", considerando características anatômicas, como o formato do crânio e traços faciais que poderiam identificar um potencial assassino, um estuprador, enfim, uma pessoa transgressora da lei.

Felizmente, a tese lombrosiana começou a cair por terra no início do século XX, quando estudiosos como Enrico Ferri e Raffaele Garofalo, contemporâneos de Lombroso, passaram a considerar também aspectos sociais e psicológicos na criminalidade. Nos anos 1920 e 1930, a Escola de Chicago se tornaria um marco na criminologia moderna, caracterizando-se por uma abordagem macrossociológica do crime, em oposição à análise biopsicológica de Lombroso.

Nos anos 1970 e 1980, o avanço dos debates sobre os direitos sociais e a questão racial marcaram outro progresso importante na criminologia. Reflexo de um contexto histórico, a teoria de Lombroso passou a ser identificada como higienista e preconceituosa, com forte componente racista. Criminologistas como Edwin Sutherland, Howard Becker e outros consolidaram abordagens que consideravam fatores sociais, culturais e históricos, enterrando de vez a tese pseudocientífica de Lombroso.

Esse breve passeio na história é fundamental para começarmos a entender que não é possível identificar um potencial criminoso de maneira determinista e simplista, levando em conta aspectos físicos ou de personalidade. Isso vale para qualquer transgressor das leis, incluindo assassinos em série.

Traçando o perfil dos assassinos em série

É por todos esses motivos que o trabalho do criminologista e ex-agente do FBI Robert K. Ressler, considerado o pioneiro na definição de serial killers, foi tão árduo e longo. Em 1970, Ressler era major do Exército dos Estados Unidos e entrou para o FBI, onde foi recrutado para assumir um posto na Unidade de Ciência Comportamental, na qual o trabalho dele era traçar perfis de criminosos violentos.

Entre 1976 e 1979, ele ajudou a organizar e a entrevistar 36 assassinos em série que estavam presos, com o objetivo de encontrar traços em comum entre os históricos daqueles criminosos e os possíveis motivos que os levaram a cometer crimes. Ressler é retratado na bem-sucedida série ficcional baseada em fatos reais *Mindhunter*, da Netflix.

Segundo Ressler, um assassino em série é uma pessoa que comete pelo menos três homicídios separados por intervalos de tempo — que ele definiu como "períodos de esfriamento" — e, em geral, não age de forma impulsiva. Ele defendia que, ao contrário de assassinos comuns, os quais agem motivados por questões racionais, como vingança ou dinheiro, serial killers são impulsionados por desejos intensos mais profundos, como o prazer de controlar, dominar, ou mesmo o desejo de causar sofrimento — e sentem prazer com isso.

Ressler também observou necessidades emocionais e sexuais em muitos casos. Além disso, o especialista notou que assassinos dessa natureza agem a partir de rituais e seguem padrões, incluindo o modo de operação, as características das vítimas, o local do crime e as formas de matar.

Uma das grandes contribuições de Ressler para a criminologia foi o destaque dado à análise comportamental desses indivíduos, trazendo à tona o histórico familiar, as relações com o passado e até mesmo a noção de violência.

Ao lado de outros especialistas do FBI, foi Ressler quem chamou a atenção para um traço comum entre em criminosos em série: a maioria tinha um histórico de abuso ou de profundo trauma na infância, incluindo abandono, negligência por parte dos pais, abuso físico ou sexual.

Ted Bundy, por exemplo, teve a infância marcada por segredos e mentiras de familiares. Ele foi enganado pela própria mãe, que dizia a ele que era sua irmã. A farsa também se estendeu aos avós, que se passavam por seus pais. Somente mais tarde, Bundy descobriu a verdade sobre sua origem.

Mais uma vez, isso não implica uma relação de causa e consequência, mas trata-se de uma informação importante que se repete entre diversos casos estudados. Isto é, sofrer abuso na infância ou crescer em um lar sem afeto não faz de ninguém um serial killer, mas muitos serial killers compartilham de histórias desse tipo.

Colega de Ressler, John Douglas estudou o recorte de gênero nesse tipo de crime e concluiu que há mais homens assassinos em série do que mulheres. Ele explica que as mulheres tendem a absorver experiências ruins para si e não descontar nos outros. A maioria dos serial killers age sob a influência da testosterona. Os homens tendem a ser mais agressivos e fisicamente hostis do que as mulheres, e sua sexualidade tende a ser menos complexa ou sutil, o que os leva a praticar crimes de motivação sexual. Ironicamente, as maiores vítimas de assassinos em série são mulheres, por quem os assassinos com frequência nutrem sentimentos de ódio.

Assassinatos em série provocam impactos em vários níveis: nas pessoas próximas às vítimas; no criminoso e seu círculo íntimo; nos profissionais que se envolvem no processo de investigação; e, ampliando o horizonte de análise, na sociedade.

A forma com que a notícia é veiculada e repercutida também serve como um importante termômetro para medir o impacto de um crime na rotina de uma comunidade. Quando um assassinato é amplamente noticiado ou envolve um fator de choque, como uma morte particularmente cruel ou misteriosa, pode-se criar um sentimento de medo generalizado. Isso é especialmente verdadeiro se o crime for percebido como algo fora do comum ou com peculiaridades, como extrema violência, tortura, abuso sexual ou mutilação do cadáver.

O aspecto da crueldade e estranheza dos crimes cometidos em série também é, por si só, algo nebuloso. O que motiva a escolha de um método específico para os assassinatos? Qual é o gatilho para que essas pessoas busquem vítimas que se enquadram em um padrão? Todo serial killer age de forma premeditada? Encontrar respostas para essas perguntas pode ser um desafio. Por isso, foi criado um conjunto de definições para diferenciar a forma de agir e pensar dos serial killers e, a partir daí, elucidar as motivações psíquicas de cada caso.

As primeiras pistas

Um serial killer pode ser classificado como um criminoso que comete uma série de assassinatos, com intervalo de tempo que pode variar de dias, meses e até anos entre um crime e outro. Na maioria das vezes, o criminoso segue um padrão de atuação, conhecido como *modus operandi* do crime, ou seja, a forma como a morte é praticada: qual a arma utilizada, se há outros crimes antes do assassinato em si, o perfil da vítima, entre outros padrões de comportamento que se repetem.

Dentro do *modus operandi* — que pode mudar ao longo do tempo para despistar a polícia ou por refinamento da parte do criminoso na hora de matar — existe a "assinatura", termo cunhado pelo ex-agente do FBI John Douglas, que se caracteriza por algum comportamento ou elemento pessoal deixado pelo assassino na cena do crime e que nem sempre tem alguma ligação para a execução do assassinato. Diferente do *modus operandi*, que pode mudar, a assinatura de um assassino é imutável. No entanto, as características não necessariamente refletem as motivações, que exigem uma análise mais aprofundada e que leve em consideração uma série de fatores.

Após investigar a cena do crime, o trabalho seguinte é identificar os possíveis suspeitos. Como afirma Douglas no livro *Mindhunter*, "comportamento reflete personalidade". Ou seja, a forma que o assassino deixa a cena do crime já serve de pista para começar a tentar entender sua mente e, assim, criar uma imagem psicológica do autor do crime com base no perfil analisado (veremos no próximo capítulo).

A investigação analisa, ainda, o passado do suspeito, tentando identificar possíveis abusos e traumas que levaram o assassino até aquele momento. A tríade de Macdonald (ou a tríade homicida) é muito usada entre os criminologistas na hora de identificar um possível serial killer, apesar de muitos profissionais da saúde mental a refutarem.

A teoria da tríade surgiu após o psiquiatra forense John Macdonald publicar um artigo intitulado "The Threat to Kill", em que delimitava três características principais para se identificar um futuro criminoso violento. São elas:

- *Piromania ou destruição de bens materiais:* o desejo de atear fogo a coisas ou o prazer ao quebrar bens materiais de terceiros ainda quando criança, segundo Macdonald, pode ser um sinal de alerta.

• *Crueldade com animais ou com crianças menores:* para o psiquiatra, e até para outros criminologistas, o ato de maltratar um animal ou uma criança vem, em alguns casos, da curiosidade de ver o sofrimento alheio, ou como uma forma de escape de humilhações ou agressões sofridas, desferindo, assim, em outras pessoas aquilo que foi feito com eles.

• *Enurese:* a incontinência urinária involuntária, principalmente durante a noite, molhando a cama após os cinco anos com muita frequência, de acordo com Macdonald, também serve de alerta. Como muitos pais não têm paciência para lidar com um colchão molhado de xixi depois de certa idade, é comum as crianças serem punidas e se sentirem humilhadas, o que aumenta seu desconforto psicológico, diminui sua autoconfiança, além da possibilidade de sofrerem rejeição social na escola caso sejam descobertas.

Lembrando que um passado traumático ou apresentar uma das características da tríade não necessariamente faz de alguém um possível assassino em série.

Todos os serial killers têm um diagnóstico?

Para começar, nem todo serial killer tem um transtorno mental diagnosticável em termos clínicos ou psiquiátricos. Embora muitos apresentem traços de personalidade fora do padrão, como a falta de empatia, a manipulação ou a tendência à impulsividade, isso não significa que apresentem um transtorno mental específico.

Aqui vale uma importante distinção entre transtornos de personalidade — como o transtorno de personalidade antissocial (TPA) — comum entre serial killers e caracterizado pelo desprezo às normas sociais, impulsividade, falta de remorso e manipulação; e doenças mentais graves que podem afetar a percepção da realidade, com quadros permanentes de alucinações, delírios e paranoia, como é o caso da esquizofrenia. Contudo, é preciso reforçar um cuidado na análise: embora um serial killer possa ser esquizofrênico, a esquizofrenia por si só não torna uma pessoa uma assassina em série.

Um exemplo de um famoso assassino em série é Richard Chase, que matou seis pessoas em

1977, na Califórnia, Estados Unidos, no intervalo de um mês, e ficou conhecido como o "Vampiro de Sacramento", porque bebia o sangue de suas vítimas e praticava canibalismo. O argumento para tamanha crueldade era de uma irracionalidade hedionda: Chase tinha convicção de que seu corpo estava se deteriorando e, ao beber o sangue das vítimas, poderia sobreviver. Além disso, em depoimentos durante o julgamento, chegou a falar em conspirações alienígenas e até governamentais.

Um exame da vida pregressa de Richard, contudo, mostra que ele viveu em um lar bastante instável, foi extremamente controlado pela mãe, teve suas internações para tratamento de doença interrompidas e foi isolado do convívio social pela família. Ou seja, o resultado do que Richard se tornou é multifatorial. É um exemplo extremo de como doenças mentais graves, sem intervenção ou suporte, podem resultar em tragédias terríveis.

Como julgar um serial killer

Há casos de serial killers que se tornam muito conhecidos, mas que não têm o diagnóstico de doença mental. Apesar do transtorno de personalidade antissocial diagnosticado, é preciso lembrar de que o TPA não torna alguém incapaz de saber o que é certo ou errado, e esse diagnóstico, quando comprovado diante do júri, torna o criminoso imputável, ou seja, ele é julgado como alguém capaz de responder por seus atos e pode ser sentenciado de acordo com os crimes cometidos.

Os três casos exemplificados a seguir tratam de serial killers que, após serem pegos, passaram por avaliação psiquiátrica e, apesar dos crimes hediondos cometidos, foi comprovado que eram sãos e tinham plena consciência do que estavam fazendo.

O Maníaco do Parque

No final dos anos 1990, Francisco de Assis Pereira, que ficou conhecido como "Maníaco do Parque", atraiu a atenção do país pela brutalidade de seus crimes. À época, ele trabalhava como motoboy em São Paulo, mas se passava por um agenciador de modelos de uma marca de maquiagem para abordar suas vítimas — a maioria delas, mulheres jovens.

Com a promessa de oportunidades de trabalho e de ajudá-las a seguir na carreira de modelo, Francisco usava sua lábia para convencê-las a acompanhá-lo em passeios pelo Parque do Estado, uma área de mata fechada na Zona Sul da capital paulista. Quando chegavam no local, essas mulheres eram violentadas, torturadas e assassinadas por estrangulamento. Em alguns casos, Francisco praticava necrofilia.

Por volta de 1998, os corpos das vítimas começaram a ser encontrados no parque, levantando suspeitas sobre a ação de um assassino em série. A polícia só conseguiu localizar Francisco após a denúncia de uma mulher que sobreviveu ao ataque. Ele foi preso em agosto do mesmo ano e, inicialmente, negou os crimes, mas, depois, confessou em detalhes como escolhia suas vítimas e o que fez com cada uma delas.

Francisco foi condenado pelo assassinato de sete mulheres, mas conta ainda com mais de vinte acusações de tentativas de homicídio e abuso sexual. Ele foi sentenciado à pena de 280 anos de prisão.

Ted Bundy

Assim como Francisco, Ted Bundy premeditava seus crimes e utilizava estratégias para abordar suas vítimas, também mulheres. Ele mudava de "personagem" conforme fosse necessário — às vezes, fingia precisar de ajuda com compras ou com o carro, outras vezes, apresentava-se com alguma deficiência. Também era comum se passar por uma autoridade, como um policial, ou usar uma tipoia no braço para fingir que estava machucado, gerando compaixão nas vítimas.

Dessa forma, convencia as mulheres a entrarem em seu carro e, assim, as sequestrava e as levava para locais isolados. Quando assumia o controle, agredia as vítimas antes de abusar sexualmente delas e, em seguida, as matava. O *modus operandi* de Bundy envolvia espancamento, estrangulamento e necrofilia. Também guardava lembranças de suas vítimas, como roupas e pertences pessoais.

Seus alvos eram mulheres jovens, geralmente de cabelo escuro e longo, características semelhantes às de uma ex-namorada da juventude. Especialistas acreditam que essa ex-namorada e a experiência do término amoroso que Bundy viveu possam ter sido o ponto de partida para que ele se tornasse um assassino. Na ocasião, o fim do romance o abalou profundamente.

Os assassinatos começaram em Seattle, no início dos anos 1970, mas logo se espalharam por outros estados dos Estados Unidos. Em 1975, Bundy foi preso pela primeira vez por posse de ferramentas de arrombamento, e rapidamente as investigações revelaram ligações entre ele e os desaparecimentos de várias mulheres. No entanto, conseguiu escapar da prisão duas vezes.

Na primeira, fugiu pela janela da biblioteca enquanto estava sob custódia. Na segunda, em 1977, escapou por um buraco no teto da cela e ficou foragido por mais de um mês.

A prisão definitiva de Ted Bundy aconteceu somente em fevereiro de 1978, na Flórida. Em seu julgamento, Bundy optou por fazer sua própria defesa, aproveitando as câmeras e a atenção da mídia para manipular a opinião pública. Em 1980, Bundy foi condenado à pena de morte na cadeira elétrica. Nos anos seguintes, tentou adiar a execução confessando novos crimes, mas a sentença foi mantida. Em janeiro de 1989, ele foi executado na prisão de Starke, Flórida.

Ao longo do período em que ficou preso, Bundy confessou 36 assassinatos, mas investigadores acreditam na existência de mais de cem vítimas.

Jeffrey Dahmer

Jeffrey Dahmer, um notório serial killer, matou 17 jovens negros e homossexuais entre 1978 e 1991 em Milwaukee (EUA), além de matar, desmembrava e canibalizava as vítimas. Viveu uma infância marcada por pais ausentes, descobriu-se homossexual na puberdade e se tornou alcóolatra aos 15 anos.

Dahmer, um rapaz bonito, atraía jovens para seu apartamento e, então, cometia os crimes. Ele apresentava uma série de características comuns a assassinos em série: atuou por treze anos sem ser capturado; manteve uma seleção específica de vítimas; teve um *modus operandi* para atacar seus alvos; e realizava rituais com os cadáveres.

Dahmer levava uma vida aparentemente tranquila, era educado, tinha um trabalho e pagava as contas em dia. Pode, inclusive, ser enquadrado em mais de um tipo de serial killer, de acordo com a classificação que veremos no próximo capítulo: hedonista e organizado. Justamente quando passou a agir de forma desorganizada que foi capturado. Já fora de controle e com muitos corpos em seu apartamento, o que gerava mau cheiro na vizinhança, acabou deixando uma das vítimas escapar, e o rapaz acionou a polícia. Dahmer passou por exames psicológicos, que identificaram mais de um transtorno de personalidade, mas foi considerado imputável. Condenado à prisão perpétua por 15 dos seus 17 crimes, acabou sendo morto por outros detentos na prisão. Um caso clássico de como atua um serial killer e do fim comum que tem.

O diagnóstico por trás de crimes hediondos

Tanto Francisco quanto Bundy e Dahmer cometeram crimes brutais, envolvendo sequestro, estupro, violência física, assassinato, necrofilia e até canibalismo. Outro ponto em comum era o método de convencimento: carismáticos, se mostravam afáveis, eram bons de conversa e conseguiam convencer facilmente as vítimas. No entanto, apesar das descrições perturbadoras, no processo de investigação e no posterior julgamento, nenhum deles foi diagnosticado com alguma doença mental.

Contudo, os criminosos demonstraram transtornos de personalidade e de comportamento, segundo análise de psicólogos forenses. Sofriam de transtorno de personalidade antissocial e não experienciavam remorso pelos crimes. Além disso, tinham grande capacidade de manipulação, impulsividade e tendência a desrespeitar normas sociais e leis. Desvios de comportamento sexual também apareceram nos perfis dos criminosos. O TPA é uma característica presente em psicopatas e, por essa razão, é comum que serial killers também sejam classificados dessa forma.

A distinção entre doença e transtorno é fundamental no contexto jurídico. Isso porque, para a justiça, o que importa é saber se a pessoa que cometeu o crime tem compreensão do ato e das consequências. Se a pessoa é imputável, será julgada conforme as leis e poderá cumprir a pena prevista em prisão comum. Caso seja considerada inimputável, significa que a pessoa não tem noção da realidade e da gravidade do crime que cometeu.

Considerando os exemplos trazidos neste capítulo, Richard Chase sofria de esquizofrenia paranoide, agravada pelo uso de drogas e pela ausência de tratamento, o que o tornou psicótico. Em seu julgamento, a defesa argumentou que ele era insano, portanto, não poderia ser responsabilizado por seus atos, mas isso não convenceu o júri. Condenado à pena de morte em 1979, Chase morreu de overdose enquanto aguardava sua execução no ano seguinte.

Já Francisco, Bundy e Dahmer nunca foram considerados inimputáveis. Pelo contrário: todos mostraram controle e premeditação em seus crimes, e tinham plena consciência dos atos hediondos que cometiam. Francisco, inclusive, demonstrou satisfação pelos seus crimes nas entrevistas que concedeu após a prisão.

Portanto, enquanto alguns serial killers podem apresentar transtornos mentais ou traços de personalidade específicos, isso não é regra. É importante não generalizar ou estigmatizar condições mentais associando-as exclusivamente a comportamentos violentos, porque isso cria estereótipos que não representam a realidade.

SERIAL KILLERS • CAPÍTULO 2

O QUE VEM PRIMEIRO

Há uma pergunta clássica na filosofia da causalidade que provoca o interlocutor a responder uma sentença de difícil conclusão: "Quem veio primeiro, o ovo ou a galinha?". A resposta mais assertiva para solucionar o enigma é: depende.

A lógica é a mesma quando tentamos estabelecer rótulos ou definir rigidamente as características que fazem de uma pessoa comum uma serial killer. A resposta mais adequada para iniciar a investigação é: depende da teoria adotada e, portanto, do ponto de vista. Considerando que esse é um tema que desperta interesse da sociedade há séculos, não é difícil imaginar o sem-número de áreas de estudo e linhas de pesquisa que surgiram nos últimos cinquenta anos, muitas delas complementares.

Se considerarmos situações traumáticas vividas na infância, precisamos evocar as teorias da psicanálise. Se o foco for o ambiente em que a pessoa nasceu, cresceu e se desenvolveu, é preciso chamar os analistas de comportamento. Para discussões sobre ética e moral, filósofos da modernidade podem auxiliar. Se o conceito de violência for o tema, um antropólogo é essencial. Por último, mas não menos importante, um magistrado poderá definir quais leis foram infringidas pelo criminoso.

A comparação dos inúmeros recortes possíveis para chegarmos à definição de um serial killer elucida o ponto inicial deste capítulo:

nem o ovo nem a galinha. São o ovo e a galinha, *juntos*, que importam, bem como todas as relações possíveis estabelecidas entre eles, sobre eles e a partir deles.

Conceitos consolidados ao longo dos estudos

Nesta parte do livro, cabe sistematizar alguns conceitos consolidados ao longo dos séculos xx e xxi. Tais definições dividem os serial killers em grupos com base em critérios como forma de atuação, motivação e características básicas de cada psiquismo. Ronald M. Holmes e Stephen T. Holmes, autores de *Serial murder (*Assassinato em série, em tradução livre*)*, apontam que pode haver dois motivos principais para o assassinato em série: material e psicológico. Enquanto o motivo material é mais simples de identificar, a motivação psicológica é mais complexa de ser definida, podendo incluir diferentes submotivos para o crime.

Entre essas classificações definidas tanto por estudiosos como M. Holmes e T. Holmes, Vronsky, Levin e Fox, quanto pela Unidade de Ciência Comportamental do FBI — Ressler e Douglas —, os serial killers podem ser classificados como organizados, desorganizados, hedonistas, missionários e visionários.

Organizados

Segundo a classificação do FBI, os serial killers deste tipo planejam meticulosamente seus crimes e tendem a usar charme e inteligência para enganar e manipular vítimas. Caracterizam-se pela frieza emocional e conseguem controlar os próprios impulsos a ponto de manterem uma rotina normal dentro do padrão social, sem levantar suspeitas.

Ainda de acordo com a classificação, os serial killers organizados podem — mas lembrando que não é via de regra — sofrer de transtorno de personalidade antissocial. Sabem distinguir a diferença entre o certo e o errado, mas são incapazes de demonstrar empatia, além de terem inteligência acima da média. Geralmente, esses criminosos executam o assassinato em três etapas separadas: o local onde a vítima é abordada; o local onde é assassinada e o local onde o corpo é desovado. O serial killer organizado é mais difícil de ser pego, já que encobre seus rastros e geralmente tem algum conhecimento forense, além de se aproximar de agentes policiais para obter informações a respeito das investigações.

Exemplos já trazidos anteriormente, como o Maníaco do Parque e Ted Bundy, se encaixam nessa definição. Além desses, John Wayne Gacy, o "palhaço assassino", também é um serial killer organizado. Com 29 vítimas identificadas, ele demorou cerca de seis anos para ser descoberto.

Desorganizados

Serial killers desorganizados cometem crimes de maneira impulsiva e caótica e, segundo o FBI, são os mais fáceis de serem identificados. Seus ataques são frequentemente mais violentos e deixam evidências significativas na cena do crime, como amostras de DNA, impressões digitais, além de não terem um *modus operandi* definido, muitas vezes utilizando, como arma para o crime, peças de roupas das vítimas ou objetos que estão por perto. Também não se preocupam em esconder o corpo após o assassinato.

Ainda segundo estudiosos, serial killers do tipo desorganizados costumam ser jovens, ou estarem sob influência de álcool e drogas, ou, ainda, são indivíduos que sofrem de algum transtorno psicológico. É comum terem vindo de uma família disfuncional e terem problemas para comunicação, socialização e, muitas vezes, estarem abaixo da média de inteligência.

Dois exemplos são o famoso Jack, o Estripador, que, em 1888, atacou e matou cinco prostitutas de bairros pobres de Londres. De forma brutal, cortou as garganta e, então, abriu-as para tirar seus órgãos; e o imprevisível Albert DeSalvo, que matou treze mulheres de forma completamente aleatória, em Boston, entre 1962 e 1964.

Hedonistas

Para M. Holmes e T. Holmes, os criminosos que cometem homicídios por prazer, seja pelo ato de matar, pela dor da vítima, pelo controle e poder sobre outra pessoa, ou pelo domínio sexual são denominados hedonistas.

Os serial killers desta categoria podem estar divididos em três subgrupos: os que agem por luxúria, ou seja, têm como principal motivação a busca por prazer por meio do ato sexual, seja ele antes ou após os assassinatos; esses criminosos também podem ter algum fetiche sexual que incentiva o comportamento violento.

Já os criminosos emotivos são predadores sexuais sádicos, motivados pela adrenalina que sentem ao infligir medo e sofrimento nas vítimas antes de matá-las.

O último tipo é o serial killer do "conforto", um tipo de criminoso que busca ganho financeiro ou material com os assassinatos cometidos. Muitas vezes, podem até trabalhar como matadores de aluguel, e a principal motivação desse serial killer é a busca pela melhora do próprio estilo de vida ao elevar seu conforto.

Serial killers com perfil hedonista sentem grande satisfação com tortura, mutilação ou outras formas de sofrimento das vítimas. Jeffrey Dahmer, que matava homens jovens, em sua maioria negros, e praticava canibalismo, é um exemplo, com a conduta sexual sendo determinante em seus crimes.

Missionários

Assassinos em série que acreditam estar realizando um trabalho divino, muitas vezes "eliminando" grupos que consideram imorais ou sujos para a sociedade, como prostitutas, homossexuais, algum grupo étnico ou racial, se encaixam na categoria dos missionários. Esse tipo de serial killer busca limpar a sociedade do mal. As vítimas escolhidas atendem um certo critério que o assassino acredita que as tornem merecedores de extermínio.

Um exemplo brasileiro é Pedro Rodrigues Filho, o Pedrinho Matador, que cometeu mais de setenta homicídios com a justificativa de que estava limpando a sociedade de pessoas más.

Visionários

De acordo com os estudiosos Sykes e Matza em seu artigo *Techniques of neutralization* (Técnicas de neutralização, em tradução livre), é comum que serial killers do tipo visionários tenham a saúde mental severamente comprometida, sofrendo de personalidade paranoide psicótica ou de quadros de psicose ou esquizofrenia, afirmando matar por conta de uma visão ou delírio, frequentemente por influência de vozes ou ordens internas, acreditando serem comandados por forças externas, como Deus, Satanás, demônios, entidades superiores ou qualquer tipo de figura não humana.

Na maior parte dos casos, existe a crença de que essas forças estão tentando prevenir algum evento catastrófico. Muitas vezes, o serial killer visionário se encaixa também no tipo desorganizado, já que costuma cometer o crime de forma impulsiva, deixando pistas, como foi o caso de David Berkowitz, o "filho de Sam", que matou seis pessoas em Nova York no final dos anos 1970. Ele atacava de forma desordenada, deixando muitas pistas nas cenas dos crimes, como cartas que ajudaram a polícia a encontrá-lo. Berkowitz, além de fazer parte de um culto, alegava cometer seus crimes, pois o cachorro de seu vizinho, um labrador preto, era possuído por um demônio que exigia dele o sangue de "garotas bonitas".

O ciclo do serial killer

Além das classificações a partir da análise dos aspectos de atuação criminal, há outra sistematização fundamental que ajuda a entender o caráter de repetição que faz de um matador um assassino em série. Segundo o psicólogo e escritor Joel R. Norris, o ciclo do serial killer é formado por sete fases:

Fase áurea

Nesta fase, o criminoso dissocia, perdendo contato com a realidade e cruzando o portal que separa o real da imaginação. A desconexão pode durar dias, meses ou até anos, dependendo do indivíduo. Segundo Norris, o assassino começa a ter mudanças de personalidade e as interações sociais começam a diminuir. Dessa forma, o criminoso passa a viver em um mundo próprio, onde elabora e fantasia repetidamente com atos violentos como assassinato, sadismo sexual, vingança, possessão, canibalismo e tortura. O indivíduo que se encontra nesta fase, eventualmente, sente a necessidade de tornar realidade o que foi imaginado.

Fase da pesca

A fase da pesca é uma fase intensa. Nela, o assassino está à procura da vítima perfeita. O indivíduo passa a frequentar lugares com a intenção de caçar a vítima que melhor se enquadra em suas preferências. Todo assassino em série tem uma lista que define como são suas vítimas, para, assim, satisfazer a fantasia criada na fase áurea: mulheres, morenas, cabelo curto, homens jovens etc.

Ainda na fase da pesca, o assassino define onde irá abordar a vítima e, no caso de um serial killer organizado, onde o corpo será desovado. É também o momento em que o assassino estuda a rotina da vítima, seu estilo de vida e identifica alguma vulnerabilidade para decidir qual o melhor momento para agir.

Fase galanteadora

Talvez essa seja a fase mais importante do ciclo, nela o serial killer começa a trabalhar para atrair a vítima até conquistar a confiança dela, manipulando-a para se colocar em posição de vulnerabilidade enquanto se mostra ser alguém carismático e atencioso. Assim que o assassino sentir que ganhou a confiança da vítima, passará para a próxima fase, na qual irá concretizar o assassinato.

Fase da captura

Essa fase ocorre quando a vítima está sozinha. Por conta das fases anteriores, há uma expectativa em relação ao crime, e o momento da captura tende a causar prazer no criminoso, pois finalmente a "caça" está em sua posse. A partir daqui, varia de indivíduo para indivíduo o tempo de duração do "ritual" praticado pelo serial killer até a próxima fase.

A captura pode ser rápida, sem dar tempo para a vítima escapar, o que levaria a uma morte rápida — método utilizado por serial killers desorganizados —, ou pode ser lenta, na intenção de aumentar o medo da vítima.

Uma vez que o serial killer tem certeza da captura, ele revela suas verdadeiras intenções, derrubando a máscara galanteadora da fase anterior.

Fase do assassinato e despersonalização

Nessa fase, as fantasias imaginadas na primeira fase são colocados em prática. O método como o assassinato é executado vai depender de cada tipo de serial killer e de seus desejos. É a fase em que ele sai bem-sucedido de sua caçada, e geralmente vem acompanhada de um clímax orgástico devido a tensão das fases anteriores. Após o assassinato, o serial killer tende a tentar "despersonalizar" a vítima, seja ao tampar o rosto dela ou ao tentar realizar mutilações no rosto ou corpo.

Fase do totem

Tendo realizado o assassinato, nessa fase o assassino busca por objetos ou "prêmios" que tenham relação com a vítima: um sapato, um brinco, uma peça íntima, mechas de cabelo, fotos tiradas após o crime ou até mesmo pedaços do corpo da vítima, que o ajudarão a reviver o sentimento prazeroso que sentiu durante o momento do crime.

Fase da depressão

Esta última fase é caracterizada pelo vazio que o criminoso sente após ter experimentado sensações fugazes, como prazer extremo, excitação e euforia, provocadas pelo ato criminoso, e passa a sentir falta de tais sensações, a ponto de retomar o planejamento para encontrar uma nova vítima e começar tudo de novo.

Toda regra tem sua exceção

Como toda regra tem sua exceção, no universo dos assassinatos em série isso também é válido. Richard Ramirez, o Night Stalker ou "Perseguidor da Noite", aterrorizou Los Angeles, nos Estados Unidos, em 1985, cometendo treze homicídios.

Diferentemente de outros assassinos em série, Ramirez não tinha um padrão, e qualquer pessoa poderia ser a próxima vítima, o que gerou pânico generalizado. Criado em um ambiente violento, conviveu com um primo ex-combatente do Vietnã que se vangloriava dos crimes de guerra que cometera.

Ramirez iniciou a vida criminosa roubando carros para sustentar o vício em cocaína, então foi preso por isso e, após sair da prisão, cometeu seu primeiro assassinato.

Com algumas variações, existe um ciclo vicioso que explica o mecanismo de ação do assassino em série. E ele se repete até que o criminoso seja capturado, morra ou simplesmente pare.

Pode parecer atípico, mas existem casos em que assassinos em série simplesmente param de cometer crimes depois de um tempo — e há algumas explicações para isso. O Assassino do Zodíaco, pseudônimo de um assassino em série estadunidense, tinha como marca enviar cartas à imprensa e à polícia com enigmas sobre seus atos, mas interrompeu as atividades criminais abruptamente em 1974. Os motivos permanecem incertos.

Gary Ridgway, o "assassino do Rio Verde", confessou ao menos 48 homicídios quando foi preso, em 2001. Ele havia parado de matar voluntariamente alguns anos antes de ser capturado, em 1998. Segundo ele, a interrupção dos crimes teria acontecido devido a uma mudança em sua vida, como a tentativa de reatar o relacionamento com a ex-esposa.

Já o matador David Berkowitz, conhecido como o "Filho de Sam", que mencionamos anteriormente, parou de matar em 1977, meses antes de ser preso, em agosto daquele ano. Posteriormente, em entrevistas, alegou que a mesma entidade demoníaca que supostamente o convenceu a iniciar as mortes também o pediu para parar. Contudo, a verdadeira razão permanece um mistério.

Gratificação interna

Como afirma John E. Douglas, "o que motiva esses caras é a emoção da caça", independentemente de quem sejam as vítimas. Serial killers se enxergam como caçadores — talvez essa seja a única coisa que todos têm em comum. Independentemente das motivações individuais, existe um processo de gratificação interna que faz tal engrenagem funcionar. E a adrenalina da "caça" e de quase ser pego aparece em relatos de alguns assassinos em série.

O mais notório deles é o de Ted Bundy, que já apareceu aqui antes, responsável por uma série de assassinatos entre 1970 e 1978, e que ficou conhecido por sua habilidade de manipular e enganar as autoridades, levando anos para ser capturado.

Ted demonstrava um comportamento obsessivo pela emoção de escapar da captura. Ele gostava da sensação de estar sendo perseguido pela polícia e, em muitas situações, colocava-se deliberadamente em risco de ser pego, excitando-se com a possibilidade de ser descoberto a qualquer momento. Durante entrevistas na prisão, falou sobre como a emoção de escapar das autoridades e a adrenalina eram partes integrantes de sua motivação para continuar matando.

Além disso, Bundy frequentemente usava a aparência charmosa e as habilidades de manipulação para atrair suas vítimas e enganar as pessoas ao redor, incluindo a polícia. Foi preso várias vezes e conseguiu escapar em algumas ocasiões, intensificando a sensação de adrenalina que ele experimentava. Sua história se tornou um exemplo clássico de como a psicologia de um serial killer pode ser moldada não só pelo desejo de matar, mas pela busca por uma sensação de poder e controle, alimentada pela constante tensão e risco de ser pego.

Como a clássica questão do ovo e da galinha, é difícil determinar o que veio primeiro: o desejo de matar ou a busca pela adrenalina e pelo controle. Ambos os elementos se entrelaçam e se reforçam, criando um ciclo vicioso que define a mente de um assassino em série com uma necessidade compulsiva de cometer assassinato, obrigando-o a buscar o "alívio" repetidamente.

SERIAL KILLERS • CAPÍTULO 3

DESUMANIZAR
PARA JUSTIFICAR

Em uma rápida busca na internet, é possível encontrar intermináveis listas de serial killers pelo mundo. Algumas, inclusive, bastante organizadas, separando os criminosos em grupos pelo número de vítimas e país de origem.

A nacionalidade de mais de uma centena desses assassinos é estadunidense. É tentador recorrer ao lugar-comum e levantar o questionamento de "por que os Estados Unidos produzem tantos serial killers?". Contudo, essa ideia deve ser abandonada, porque é incorreta. Histórias de vida, transtornos mentais e referências com relação à violência podem ser elementos que configuram a construção de um potencial serial killer; a localização geográfica em que nasceram ou vivem, não.

Ao considerar a violência e a cultura de um local, podemos encontrar discursos que impliquem causa e efeito. Portanto, a relação entre os assassinatos em massa e a política de armamento adotada há décadas nos Estados Unidos é evidente.

Uma sociedade adoecida pelo medo e fortemente armada, impulsionada pela propaganda da violência, resultará em casos como o do massacre de Columbine, retratado no popular documentário *Tiros em Columbine* (2002), de Michael Moore. Essa lógica, contudo, não se aplica à existência de serial killers.

A aparente prevalência de serial killers nos Estados Unidos tem mais a ver com a forma com que o tema é estudado e difundido, com as investigações policiais especializadas e com o espaço que a mídia dá a esse tipo de história. Isso é similar ao que ocorre com dados de violência contra a mulher.

Quando as mulheres entenderam que o silêncio era o maior aliado das violências e passaram a denunciá-las, os dados de violência de gênero aumentaram exponencialmente. Isso não significa necessariamente que mais crimes estejam acontecendo, mas que mais vítimas estão denunciando.

Mitos e verdades difundidos

Na corrida pela audiência, os serial killers são frequentemente retratados de maneira sensacionalista na mídia, no cinema e na literatura, gerando mitos e equívocos. A ideia de associá-los a monstros, por exemplo, é comum no imaginário popular. Por essa razão, esses criminosos são frequentemente retratados de maneira mais aterrorizante do que um ser humano comum. Suas ações são tão grotescas, insanas ou frias que parecem desumanizá-los, fazendo com que se pareçam algo de outro mundo.

A desumanização é um mecanismo psicológico e social utilizado para entender ou justificar tais atos horríveis. Quando alguém comete um crime hediondo, é mais fácil para a sociedade ver esse indivíduo como um monstro, afastando a ideia de que ele possa ser semelhante a nós.

Dois personagens da ficção que exemplificam esse conceito de monstruosidade são Hannibal Lecter, de *O silêncio dos inocentes*, e Freddy Krueger, da série *A hora do pesadelo*. Essas representações, embora fictícias, contribuem para a ideia de que um serial killer pode ser mais do que um simples ser humano, mas uma ameaça aterrorizante e incontrolável.

Embora muitos dos mitos sejam baseados em estereótipos ou exageros, é importante compreender as realidades por trás desses conceitos. Para isso, listamos alguns mitos sobre os serial killers:

Todos os serial killers são psicopatas ou sociopatas

Muitos acreditam que os serial killers apresentam distúrbios psicológicos extremos, como psicopatia ou sociopatia, sendo incapazes de sentir empatia ou de manter um convívio social saudável. No entanto, nem todos se enquadram nesse perfil. Muitos conseguem manter uma rotina normal e serem considerados cidadãos comuns, com uma vida social aparentemente estável. A psicopatia está associada a alguns serial killers, mas não é uma característica universal nem uma regra.

Serial killers são sempre solitários e isolados

O conceito de "lobo solitário" é comum em ataques extremistas e em atos terroristas sem a coordenação de grupos organizados. Ataques em escolas são, muitas vezes, perpetrados por esse tipo de perfil. Contudo, o conceito não se aplica a assassinos em série. A ideia de que serial killers operam sozinhos e têm vidas solitárias é um estereótipo. Alguns mantêm famílias, empregos regulares e conseguem até esconder seus crimes por anos, como Dennis Rader, conhecido como BTK. Além disso, há casos em que os criminosos atuam em dupla, como Leonard Lake e Charles Ng, que, durante os anos 1980, na Califórnia, sequestraram, torturaram e mataram pelo menos onze mulheres e um homem.

Eles têm uma aparência monstruosa ou diferente

Muitos filmes e livros retratam os serial killers como indivíduos com uma aparência sinistra ou anormal. No entanto, como já vimos anteriormente, a realidade é que a maioria dos serial killers são pessoas comuns. Isso alimenta o mito de que seria fácil reconhecer um criminoso desse tipo, o que não é verdade.

Há casos na história que demonstram isso, como o do Maníaco do Parque, que atuou em São Paulo, estuprando e matando mulheres. Ele era considerado um funcionário exemplar na empresa de entregas onde trabalhava, e chegou até a manter um relacionamento amoroso comum com uma mulher.

Serial killers só matam mulheres

Embora muitos serial killers famosos tenham sido responsáveis por crimes contra mulheres (como Ted Bundy ou Jack, o Estripador), a realidade é que eles matam tanto homens quanto mulheres. As vítimas podem variar em idade, gênero e perfil, dependendo dos padrões do assassino e do que ele busca satisfazer ao cometer o crime. Exemplos como Jeffrey Dahmer, mencionado anteriormente, assassinava homens homossexuais; e Wayne Williams foi sentenciado a prisão perpétua pelo assassinato de 29 pessoas negras, entre elas adultos e crianças.

Todo serial killer tem um histórico de abuso ou trauma

Não necessariamente, embora muitos tenham passados traumáticos ou abusivos, isso não é uma regra universal. Alguns cresceram em ambientes aparentemente normais e, ainda assim, desenvolveram comportamentos homicidas. A psicologia criminal investiga como fatores biológicos, sociais e psicológicos interagem para o surgimento de um serial killer, mas a resposta a respeito ao que leva alguém a se tornar um assassino em série segue sendo um grande mistério.

Eles matam por razões lógicas, como vingança ou prazer sexual

Embora alguns possam ter motivações que envolvam vingança ou gratificação sexual, muitas vezes seus motivos são mais complexos e não seguem uma lógica simples. A psicologia criminal sugere que esses indivíduos podem matar por uma necessidade de controle, poder, emoção ou até mesmo "esporte", sem uma razão clara ou racional.

Serial killers agem de forma meticulosa e não cometem erros

Muitos acreditam que os assassinos em série são altamente meticulosos e raramente cometem erros. No entanto, como vimos no capítulo anterior, vários casos históricos apontam falhas significativas, como evidências deixadas para trás ou comportamentos que chamam atenção. A detecção e captura de serial killers frequentemente acontecem a partir de erros cometidos pelos próprios criminosos.

Eles são extremamente inteligentes e sofisticados

A ideia de que todos os serial killers são brilhantes estrategistas ou grandes manipuladores é uma falácia. Embora alguns fossem manipuladores e mantivessem um verniz de normalidade em sua rotina, muitos foram capturados devido a erros simples ou comportamentos desorganizados.

Todo serial killer pode ser reabilitado

Essa é uma questão debatida, e não há consenso sobre sua viabilidade. Em muitos casos, a gravidade dos crimes cometidos e os fatores psicológicos envolvidos tornam a reabilitação difícil. Para muitos, a ideia de reabilitação é questionada, devido a gravidade dos crimes e o risco de reincidência. Portanto, a abordagem desse assunto depende de uma análise cuidadosa, caso a caso, e das condições psicológicas do indivíduo.

Só homens são serial killers?

De acordo com John Douglas, não existem estudos suficientes do por que a maioria dos serial killers são homens. Como mencionado anteriormente, no primeiro capítulo, mulheres tendem a internalizar seus estressores, optando por castigarem a si mesmas com comportamentos destrutivos, em vez de descontarem em outras pessoas; e existe a crença de que uma mulher seria incapaz de matar, por ser enxergada como vulnerável e mais "fraca" fisicamente do que um homem.

No entanto, isso não significa que não existiram mulheres que mataram em série ao longo da história. Mary Ann Cotton, nascida na Inglaterra, cometeu seus crimes cerca de vinte anos antes de Jack, o Estripador, emergir, ao assassinar seus filhos, maridos e até a própria mãe com arsênico para receber o seguro de vida deles.

Aileen Wournos era prostituta e assassinou ao menos sete pessoas entre 1989 e 1990. Suas vítimas eram caminhoneiros de meia-idade a quem ela supostamente pedia carona às margens das rodovias nos EUA. Wournos, então, cometia os crimes e abandonava os corpos na beira das estradas.

Esses são alguns dos mitos que tendem a distorcer e, consequentemente, prejudicar a visão da sociedade sobre os serial killers. Compreender as realidades desses crimes e os perfis psicológicos dos criminosos pode ajudar a evitar a propagação de equívocos, a perpetuação de narrativas sensacionalistas e, ainda, contribuir para um entendimento mais equilibrado.

O que diz a psicanálise?

Embora os autores mais tradicionais da psicanálise não tenham produzido obras a respeito de serial killers — visto que se trata de um termo recente, cunhado por volta da década de 1970 —, são diversos os conceitos que podem ser relacionados com o modo de agir desse perfil de criminoso.

A teoria psicanalítica, por exemplo, compreende três estruturas que guiam as formas de organização psíquica dos indivíduos e suas reações diante de conflitos vividos, especialmente nas relações primárias (quando ainda se é um bebê).

Essas estruturas recebem o nome de neurose, psicose e perversão, e ajudam a compreender pontos mais subjetivos do funcionamento de cada pessoa:

Neurose

A neurose está ligada à angústia de alguém que está consciente das normas sociais e do que é tido como certo, mas sente culpa e ansiedade quando não consegue seguir essas regras. Portanto, ao sentir desejo por algo visto como moralmente inaceitável, expressa ansiedade, compulsão, fobia ou histeria.

O indivíduo neurótico pode ser entendido, então, como aquele que reprime desejos inconscientes e, mesmo tentando justificar seu comportamento, não consegue se ver livre do peso de suas ações guiadas por pensamentos intrusivos.

Psicose

O indivíduo psicótico, por sua vez, age sob efeito de alucinações e delírios. A psicose provoca um tipo de rompimento com a realidade que pode ser explicada como uma quebra no processo de diferenciação entre o Eu e o mundo exterior.

Perversão

A perversão tem relação com desejos e comportamentos sexuais não convencionais que são associados a um grau de sofrimento para a pessoa ou para as outras pessoas envolvidas. Nesses casos, o indivíduo se opõe à castração simbólica, ou seja, aos limites socialmente impostos para o desejo humano.

Em vez de reprimir o desejo, como fazem os neuróticos, ou negar a realidade, tal como os psicóticos, o perverso desafia as normas em busca de seu prazer — mesmo que o prazer seja infligir dor.

Seguindo essas classificações, é possível observar que muitos serial killers, em especial os mais populares na mídia, se enquadram na última estrutura, de perversão. Sentem prazer em torturar, violar e assassinar as suas vítimas e, mesmo provocando dor, demonstram ausência de culpa. Além disso, são incapazes de reconhecer e seguir limites sociais. Entretanto, a satisfação pela destruição sentida pelo perverso não é regra entre os serial killers. Os serial killers visionários, que relatam delírios como justificativa de seus crimes, se adequam melhor à estrutura de psicose.

Sigmund Freud e Melanie Klein, dois dos maiores nomes da psicanálise, apresentam em suas obras conceitos que podem ser úteis para a percepção dos conflitos internos refletidos nas ações cruéis desses criminosos. Conhecido como pai da psicanálise, Freud categorizou as três instâncias da psique humana por meio dos termos superego, ego e id. Para o autor, o superego representa a internalização das normas, valores e proibições sociais de um indivíduo. Essa instância age, portanto, como um agente regulador dos impulsos do id e, ao mesmo tempo, como bússola para as manifestações do ego.

Tanto Freud quanto Klein defendem que a formação do superego ocorre a partir do Complexo de Édipo, ou seja, quando a criança internaliza as figuras parentais e as normas da sociedade. Estudos recentes indicam que, em muitos casos de serial killers, há a presença de um contexto permeado por traumas e situações de abuso, violência ou negligência ainda na infância.

Nesta linha, em *Princípios psicológicos da análise de crianças pequenas* (1926), Klein apresenta o termo superego arcaico para se aprofundar em como esses traumas podem impactar o superego, fazendo com que o indivíduo canalize suas frustrações no outro.

No caso de serial killers cuja estrutura dominante é a perversão, o superego pode assumir uma forma sádica, levando o indivíduo a buscar prazer na dor alheia como forma de autorregulação. Dessa maneira, esse criminoso, motivado a provocar dor, enxerga a vítima como um objeto e sente-se no poder da situação, com o caminho livre para obter prazer por meio da violência — nesses casos, violências que ocorrem repetidamente.

Pulsão de morte e perversão

De acordo com a teoria psicanalítica freudiana clássica, a pulsão de morte, conceito introduzido pelo autor em *Além do princípio do prazer* (1920), representa uma força inconsciente voltada para a morte e a autodestruição.

Nos serial killers, essa pulsão pode ser percebida não apenas na manifestação da violência, mas no caráter sádico de seus atos. A questão é que essa pulsão leva a um prazer temporário: não basta um assassinato; é preciso repeti-lo para que a satisfação não acabe. O serial killer experiencia êxtase após consumar um crime, mas, logo em seguida, é contaminado por uma sensação de vazio que o leva a matar novamente. Portanto, à medida que o prazer se esvai, a pulsão age mais uma vez.

Essa necessidade de reviver a experiência destrutiva poderia justificar até mesmo o porquê desses indivíduos seguirem padrões e métodos de assassinato específicos. Assim, replicam a experiência anterior seja utilizando a mesma cena do crime, selecionando os mesmos tipos de vítimas, abordando-as da mesma maneira ou assassinando-as da mesma forma.

SERIAL KILLERS • CAPÍTULO 4

… FASCÍNIO E REPULSA: UMA SOCIEDADE DOENTE?

Um homem matou sete mulheres, foi capturado, julgado e condenado a 280 anos de prisão por estupro, estelionato e assassinato. Ao final do primeiro mês preso, recebeu mais de mil cartas de mulheres interessadas em conhecê-lo, muitas delas se declarando apaixonadas. Essa história é real, e o criminoso em questão é o Maníaco do Parque, cuja história foi introduzida no início deste livro.

Para alguns, essa admiração pode causar estranheza ou mesmo abrir espaços para julgamentos como: "Que mulheres malucas são essas?". Contudo, esse tipo de situação é mais comum do que se imagina. Isso não faz dos envolvidos necessariamente coniventes com o crime, nem alvo de análises rasas que os definam como "malucos".

Ted Bundy, Richard Ramirez, o "Perseguidor da Noite", Kenneth Bianchi e Angelo Buono, os "Estranguladores de Hillside", são assassinos famosos que se casaram na prisão, mesmo após terem sido condenados por seus crimes. Mas, afinal, como uma pessoa que comete crimes tão hediondos pode ser atraente ou despertar admiração e paixão?

O que é hibristofilia?

Esse comportamento, conhecido como hibristofilia, é a atração sexual ou emocional por pessoas que cometeram crimes violentos ou graves. O fenômeno está geralmente associado a pessoas que sentem fascínio ou desejo por criminosos notórios, como assassinos em série, estupradores e pedófilos.

A hibristofilia é uma forma de parafilia, um distúrbio em que desejos ou comportamentos sexuais são direcionados a objetos, situações ou indivíduos atípicos. A atração pode estar ligada a emoções complexas, como poder, controle ou transgressão de normas sociais.

Em alguns casos, pessoas com hibristofilia podem estabelecer relacionamentos amorosos ou sexuais com criminosos presos, justificando ou idealizando suas ações. No entanto, essa atração não é universal nem uniformemente compreendida na psicologia, pois depende de muitos fatores individuais e culturais.

Embora algumas pessoas possam sentir fascínio ou atração por criminosos, isso não significa que sofram de algum transtorno mental.

A análise é mais complexa. Para compreender essa contradição, podemos recorrer às teorias do filósofo Friedrich Nietzsche, que traz no bojo de seu pensamento a complexidade das emoções humanas, o desprezo à moralidade e os mecanismos por meio dos quais prazer e dor se entrelaçam. O que nos fascina, é muitas vezes, o que também nos causa repulsa, e essa dualidade foge à nossa compreensão.

A ideia de que uma monstruosidade foi praticada por alguém que também é um ser humano provoca o desejo de entrar na mente daquele criminoso para entender suas motivações. A lei do espelho (ou efeito de espelho) sugere que, ao olhar para o outro, reconhecemos nossas próprias características. Confrontar o que há de humano naquele que cometeu um crime condenável pode ser uma experiência desconfortável, porém tentadora. Há um mecanismo de projeção de emoções, medos e traumas que aumenta a conexão com essas figuras.

Nessa mesma linha, o poeta Edgar Allan Poe trabalhava em seus textos a ideia de que o fascínio pelo sombrio muitas vezes carrega em si uma dose de repulsa, como se nosso olhar curioso tentasse entender o que deve ser evitado. Isso torna inevitável o desejo de saber mais sobre aquilo que deve ser questionado.

Repulsa, curiosidade ou fascínio?

As histórias de crimes reais causam uma mistura de repulsa, curiosidade e fascínio. Não por acaso, o gênero *true crime* cresceu exponencialmente na última década em diversos formatos: podcasts, documentários e até séries ficcionais baseadas em fatos. As produções sonoras do gênero registraram aumento de 52% de consumo no Brasil no primeiro semestre de 2021 em comparação com o mesmo período de 2022, e a tendência é de crescimento contínuo.

Outra curiosidade é que, quanto pior, melhor. Nesse sentido, chegamos a um subgênero do *true crime* que foca em histórias de assassinos em série. A repetição de padrões, os atos de violência extrema e as consequências irreversíveis, aliados à complexidade psicológica dos criminosos, fazem dessas histórias uma fórmula de sucesso. A série da Netflix *Dahmer: um canibal americano,* que conta a história real de Jeffrey Dahmer, ultrapassou 1 bilhão de horas assistidas e ficou em segundo lugar mundial no ranking de séries mais assistidas no *streaming*.

O sucesso de séries e filmes sobre serial killers pode ser explicado por diferentes teorias psicológicas, que abordam aspectos emocionais e cognitivos do público, além da atração por fenômenos considerados tabus ou fascinantes.

A atração pelo medo e pelo tabu é uma característica humana explicada pela teoria da curiosidade psicológica. O ser humano tende a se sentir atraído por situações extremas e desconhecidas, como crimes de serial killers. Isso se relaciona à busca por compreender a psicologia humana, especialmente por meio de comportamentos incomuns e transgressores. Essa curiosidade pode ser uma forma de explorar o "outro lado" da natureza humana, sem o perigo de enfrentar riscos reais.

Outra teoria é conhecida como *thrill seeking*, que é a busca por sensações e experiências emocionais intensas. O medo, o suspense e a tensão psicológica gerados por essas produções ativam a resposta de luta ou fuga do sistema nervoso, criando uma sensação de excitação e prazer, que é paradoxalmente atraente para algumas pessoas.

Um terceiro elemento que explica o sucesso desse tipo de produção é a "teoria da resolução de problemas e do interesse por enigmas". Serial killers se tornam personagens fascinantes, porque suas ações são complexas e misteriosas. O público gosta de seguir pistas, resolver enigmas e entender o raciocínio por trás de comportamentos aparentemente irracionais, tornando essas histórias cognitivamente envolventes.

Ainda nesse sentido, serial killers são frequentemente retratados como personagens profundos, complexos e, em alguns casos, até humanizados nas narrativas. A teoria da empatia sugere que, ao tentar entender as motivações desses indivíduos, o público cria uma conexão emocional, buscando entender as causas por trás de seus comportamentos.

De acordo com a psicologia social e a teoria da desinibição, assistir a histórias sobre serial killers permite explorar, de forma segura, o conceito do "mal". Essas produções levantam questões sobre o que leva um ser humano a cometer atos monstruosos, oferecendo um espaço para refletir sobre a moralidade, a natureza humana e as diferenças entre o "normal" e o "anormal". Esse tipo de reflexão pode ser envolvente e até libertador, pois permite explorar tais questões sem perigo, envolvendo também um sentimento de controle.

A exposição contínua a histórias de serial killers pode estar ligada à teoria da dessensibilização. Conforme o público se acostuma com esses temas, ele pode se tornar menos impactado, gerando maior aceitação e interesse pelo gênero. Isso explica a popularidade crescente dessas produções: o público está cada vez mais em busca de novos "níveis" de tensão e horror. Também é possível explorar o conceito de catarse, da liberação emocional por meio da experiência de emoções extremas. A violência nos filmes sobre serial killers é controlada e fictícia (embora muitas obras sejam baseadas em histórias reais), permitindo que o espectador libere seus medos e tensões de forma segura, com distanciamento de tempo e espaço. Esse processo pode criar uma sensação de alívio ou prazer, já que o espectador é exposto à violência sem suas consequências reais.

A ideia de narrativas sobre serial killers também se alinha às histórias de "heróis e vilões". Em muitas produções, os assassinos são retratados quase como anti-heróis, com características que despertam admiração ou fascínio. A teoria do arco narrativo sugere que o público se conecta com histórias que têm uma estrutura clara de conflito, desenvolvimento e resolução, e os crimes e as investigações de serial killers frequentemente seguem essa fórmula, criando uma narrativa de suspense que mantém o interesse e engajamento.

Em resumo, são múltiplas as razões para o sucesso de filmes e séries sobre serial killers: atração pelo desconhecido e pelo macabro; busca por emoções fortes; curiosidade por entender comportamentos fora da norma; e a oportunidade de explorar o medo e a violência de forma controlada e segura, o que pode ser simultaneamente perturbador e fascinante.

SERIAL KILLERS • CAPÍTULO 5

REPARAÇÃO
E TRANSFORMAÇÃO

Como seria fácil e reconfortante se, como no filme *Efeito borboleta*, fosse possível retroceder no tempo e na história, e reescrever acontecimentos traumáticos. Mas isso só é possível na ficção.

Na vida real, a morte violenta decorrente de crimes como os que tratamos neste livro deixa marcas irreparáveis. Além dos familiares, amigos e testemunhas, a perda pode reverberar por toda a comunidade e na sociedade, afetando muitas pessoas psicológica, social e economicamente.

A extensão do impacto dependerá de diversos fatores, como a natureza do crime, a visibilidade da vítima na comunidade e a resposta das autoridades e da sociedade. O luto coletivo, o medo e as mudanças na estrutura social local podem prolongar por muito tempo os efeitos de uma perda trágica.

Os familiares e amigos próximos da vítima sofrem danos emocionais e precisam lidar com luto, raiva, culpa e a sensação de perda. Filhos que perdem pais podem sofrer efeitos traumáticos e duradouros em seu desenvolvimento psicológico.

Testemunhas do crime e profissionais que atendem a essas situações (socorristas e policiais) também são afetados pela cena de violência, e podem desenvolver transtornos como o estresse pós-traumático. Ou seja, o crime serial afeta muitas camadas da sociedade e pode gerar impactos difíceis de se mensurar.

Diante de um crime, busca-se justiça, reparação, responsabilização, enfim, uma resposta. Familiares de vítimas de crimes violentos repetem que o mais importante — a vida tirada — nunca será recuperada. Também mencionam a importância de resgatar a memória da vítima e a história real do crime, restabelecendo a verdade. Indenizações por danos morais também são bem-vindas, mas são apenas uma atadura para disfarçar o machucado: não trazem de volta o ente querido assassinado.

Cabe o perdão a quem não sente culpa?

A teoria da desumanização sugere que, em situações de conflito ou atos moralmente reprováveis, as pessoas desumanizam seus alvos para justificarem comportamentos cruéis e imorais. No entanto, ao perceberem a própria ação como desumanizadoras, instala-se um conflito moral interno. Nesse ponto, a justiça restaurativa pode oferecer um caminho, em que o criminoso reconhece o erro e oferece alguma reparação, permitindo que a família da vítima se sinta contemplada.

Assassinos em série, por definição, carecem de alteridade, percepção e sentimento pelo outro, devido à falta de empatia e à ausência de remorso por seus atos. Portanto, tal teoria como a do caminho de reparação não pode ser aplicada.

A expiação de culpa só acontece quando se restaura o sentido de humanidade do indivíduo. Mas culpa e arrependimento não fazem parte do vocabulário de um criminoso em série, mesmo quando ele tem plena ciência da atrocidade de seus atos. Portanto, o processo de redenção é muito difícil. Nesse sentido, não há espaço para a reparação das vítimas. Afinal, qual é o conceito de justiça para familiares que perderam um ente querido e buscam uma resposta?

A reabilitação de serial killers é amplamente debatida, e não há consenso sobre sua viabilidade. Serial killers diagnosticados como psicopatas ou sociopatas apresentam transtornos de personalidade antissocial para os quais não há cura. Sabem diferenciar o certo do errado, mas simplesmente não se importam. As leis da sociedade e da moralidade não significam nada para essas pessoas. Por isso, raramente conseguem usar a defesa de insanidade nos julgamentos, porque não são clínica ou legalmente insanos. Eles são apenas indiferentes às leis da sociedade e ao sofrimento dos outros.

O índice de reincidência entre serial killers é difícil de estudar com precisão, pois envolve variáveis complexas, como a psicologia do criminoso, o tratamento recebido e as condições de liberdade.

Mesmo com dados exatos, muitos criminologistas e especialistas acreditam que serial killers não são seguros para a reintegração social, devido ao alto risco de reincidência, motivada por comportamentos compulsivos de difícil controle.

Serial killers, por sua natureza, cometem assassinatos ao longo de vários anos, indicando um padrão compulsivo difícil de se mudar, especialmente sem tratamento psicológico profundo e bem-sucedido. A natureza dos crimes cometidos, a falta de remorso e a compulsão para matar frequentemente tornam a reabilitação deles um processo desafiador.

A prevenção de reincidência em serial killers geralmente exige prisão perpétua ou vigilância constante, já que a liberação desses indivíduos representa um risco significativo para a sociedade.

Casos de serial killers que demonstraram uma mudança genuína ou "regeneração" após os crimes são raros e, na maioria das vezes, difíceis de verificar de maneira confiável. A regeneração, especialmente em casos envolvendo psicopatia ou transtornos de personalidade antissocial, é um conceito controverso e amplamente debatido entre profissionais de saúde mental, criminologistas e especialistas em justiça criminal. No entanto, em alguns casos, apesar de as mudanças serem questionáveis ou superficiais, pessoas que cometeram crimes violentos demonstraram comportamentos que poderiam ser interpretados como arrependimento ou um esforço para mudar.

Dentro da dinâmica de uma personalidade manipuladora, comum em serial killers, há casos em que o réu finge arrependimento para conseguir uma pena mais branda. Também há situações em que a conversão religiosa é usada como argumento para uma suposta transformação.

A regeneração genuína de serial killers é extremamente rara, porque muitos desses indivíduos têm transtornos de personalidade profundamente enraizados, como psicopatia ou transtorno de personalidade antissocial, que são difíceis de serem mudados. Além disso, a falta de empatia, a manipulação e a incapacidade de sentir remorso com frequência caracterizam suas psicologias.

Embora alguns serial killers possam parecer "regenerados" ou convertidos religiosamente após seus crimes, a mudança verdadeira e duradoura em seus comportamentos violentos é rara. Muitos podem demonstrar remorso ou até mesmo se converter a uma religião, mas isso não garante uma transformação genuína de sua psicologia e impulsos criminosos.

A verdadeira regeneração, especialmente em psicopatas, é considerada improvável ou difícil de alcançar. A maioria dos especialistas é cética quanto à possibilidade de serial killers se regenerarem de forma completa e segura para a sociedade.

REFERÊNCIAS

ARAM, A. "Hibristofilia: o que explica atração sexual por quem comete crimes". *VivaBem*, 8 fev. 2022. Disponível em: https://www.uol.com.br/vivabem/noticias/redacao/2022/02/08/por-que-ha-quem-sinta-atracao-sexual-por-pessoas-que-cometeram-crimes.htm. Acesso em: 21 jan. 2025.

BARBOSA, S. "Não é apenas baseado em fatos reais: o aumento da produção e consumo do gênero de true crime". *O Casarão*, Universidade Federal Fluminense, 19 jun. 2023. Disponível em: https://jornalocasarao.uff.br/2023/06/19/nao-e-apenas-baseado-em-fatos-reais-o-aumento-da-producao-e-consumo-do-genero-de-true-crime. Acesso em: 4 abr. 2025.

BONN, Scott. "Organized versus Disorganized Serial Predators". Disponível em: https://www.psychologytoday.com/us/blog/wicked-deeds/201806/organized-versus-disorganized-serial-predators. Acesso em: 20 mar. 2025.

CASOY, I. *Serial killers*: made in Brazil. 1. ed. São Paulo: Darkside, 2022.

CASOY, I. *Serial killers*: louco ou cruel? 1. ed. São Paulo: Darkside, 2022.

DOUGLAS, John; OLSHAKER, Mark. *Mindhunter: o primeiro caçador de serial killer americano*. 1. ed. Rio de Janeiro: Intrínseca, 2017.

EDELSTEIN, Arnon. "Revenge: The Missing Category in serial murder typologies". *Scientific research: an academic publisher*, v. 15, n. 7, jul 2024. Disponível em: https://www.scirp.org/journal/paperinformation?paperid=134544. Acesso em: 20 mar. 2025.

ELASSAR, A. "Combinação maligna de fatores faz nascer serial killers, dizem especialistas". CNN *Brasil*, 29 jul. 2023. Disponível em: https://www.cnnbrasil.com.br/internacional/combinacao-maligna-de-fatores-faz-nascer-serial-killers-dizem-especialistas/. Acesso em: 21 jan. 2025.

FORTES, I. "O sofrimento como travessia: Nietzsche e a psicanálise". *Revista Epos*, v. 5, n. 1, p. 99-111, 2014. Disponível em: https://pepsic.bvsalud.org/pdf/epos/v5n1/06.pdf. Acesso em: 21 jan. 2025.

FREUD, S. *Além do Princípio de Prazer* [Jenseits des Lustprinzips]. Belo Horizonte: Autêntica, 2020.

FREUD, S. *Recordar, repetir e elaborar*. In: Edição Standard Brasileira das Obras Psicológicas Completas de Sigmund Freud (Vol. XII). Rio de Janeiro: Imago, 1990.

GLOBO. "A onda de true crimes". 5 abr. 2023. Disponível em: https://gente.globo.com/infografico-a-onda-de-true-crimes/. Acesso em: 21 jan. 2025.

HOLMES, R.; HOLMES, S. Serial Murder. 2. ed. Sage Publications, 1998.

KLEIN, M. *Princípios psicológicos da análise de crianças pequenas.* In: Amor, culpa e reparação e outros trabalhos. Rio de Janeiro: Imago, 1996.

LAMPLEY, Steven. "The Psychological Phases of Serial Killers". *Psychology Today*. Disponível em: https://www.psychologytoday.com/us/blog/captivating-crimes/202008/the-psychological-phases-serial-killers. Acesso em: 20 mar. 2025.

MACDONALD, John. "The Threat to Kill". *The American Journal of Psychiatry*, v. 120, ago 1963. Disponível em: https://psychiatryonline.org/doi/abs/10.1176/ajp.120.2.125. Acesso em: 20 mar. 2025.

MALIZIA, Nicola. "Serial Killer: The Mechanism from Imagination to the Murder Phases". *Sociology Mind*, v. 7, n. 2, abr 2017. Disponível em: https://www.scirp.org/journal/paperinformation?paperid=74772. Acesso em: 20 mar. 2025.

MONTEIRO, K. M. S. L. Assassinos seriais e os efeitos da sideração no psiquismo e no laço social. Revista Latinoamericana de Psicopatologia Fundamental, 17(3-Suppl.), 738-748. 2014.

NOGUEIRA, R. "Agente do FBI explica por que há mais serial killer homem do que mulher". *UOL*, 1 set. 2019. Disponível em: https://entretenimento.uol.com.br/noticias/redacao/2019/09/01/conversamos-com-john-douglas-o-agente-do-fbi-que-inspirou-mindhunter.htm. Acesso em: 21 jan. 2025.

NORRIS, J. *Serial killers*. Estados Unidos: Knopf Double Publishing, 1989.

RODRIGUES, G. "Serial killer de Goiás completa 10 anos preso e pode ser solto em 2044". *Metrópoles*, 14 out. 2024. Disponível em: https://www.metropoles.com/brasil/serial-killer-de-goias-completa-10-anos-preso-e-pode-ser-solto-em-2044. Acesso em: 21 jan. 2025.

SOUSA, K. de F. "Serial killers: prisão ou tratamento?" *Monografias Brasil Escola*, [2018?]. Disponível em: https://monografias.brasilescola.uol.com.br/direito/serial-killers-prisao-ou-tratamento.htm. Acesso em: 21 jan. 2025.

WICKERT, C. "Techniques of neutralization: How to rationalize dviant behavior". *SozTheo*. Disponível em: https://soztheo.de/theories-of-crime/learning-subculture/techniques-of-neutralization-sykes-und-matza/?lang=en. Acesso em: 20 mar. 2025.

Primeira edição (julho/2025)
Papel de miolo Luxcream 80g
Tipografia Caslon e Antonio
Gráfica Melting